RÉPUBLIQUE FRANÇAISE

Établissements français de l'Océanie

DIRECTION DE L'INTÉRIEUR

EXPOSÉ DES MOTIFS

DU

Projet de Budget des Recettes et des Dé[penses]

DE TAHITI ET DE MOOREA

POUR L'EXERCICE 1885

PAPEETE

IMPRIMERIE DU GOUVERNEMENT

1885

Exposé des motifs du projet de Budget des Recettes et des Dépenses de l'Exercice 1885

Messieurs les Conseillers Généraux,

Conformément à l'article 40 du décret financier du 20 novembre 1882, j'ai l'honneur de soumettre à vos délibérations le projet de budget des recettes et des dépenses du service Local pour l'année 1885.

Avant d'entrer dans le détail des augmentations et des diminutions que fait ressortir ce projet, je crois devoir faire connaître au Conseil les résultats généraux de l'exercice 1883, clos le 30 juin dernier, dont le compte lui sera soumis avec les observations qu'il comporte, et présenter un aperçu de l'état des finances de la colonie au 31 décembre dernier, en y joignant la situation de la caisse de réserve.

EXERCICE 1883.

RECETTES.

Prévisions budgétaires........................		1.193.970 »
Augmentations résultant des droits constatés...............................	348.017 52	
Et du report des restes à recouvrer de l'exercice 1882........	28.769 60	
		376.787 12
Soit......................		1.570.757 12
Les recouvrements effectués au titre de l'exercice 1883 se sont élevés à........	1.224.945 13	
Les restes à recouvrer de l'exercice 1882 versés au profit de l'exercice 1883 sont de	28.769 60	
Total des recouvrements..............	1.253.714 73	
Recettes provenant des annulations par suite de reversements......................	285.427 19	
Ensemble......................		1.539.141 92
Soit une différence de..........		31.615 20

représentant le montant des restes à recouvrer à la date de la clôture de l'exercice.

Cette somme a été inscrite, depuis le 1er juillet dernier, aux droits constatés de l'exercice 1884, conformément à l'article 96 du décret du 20 novembre 1882.

Il a été perçu pendant le 2e semestre 1883, 3.948 94. La différence, soit

— 2 —

27.666 fr. 26, a été portée en recette au 31 décembre dernier, conformément à l'article 209 du décret précité.

DÉPENSES.

Crédits ouverts par le budget............................	1.193.970	»
Crédits supplémentaires ouverts :		
Les 28 juillet 1883, 3 décembre 1883 et 27 mai 1884 au titre des exercices clos..	35.000	»
Le 3 décembre 1883, pour la pension du Régent des Gambier................	5.000	»
Le même jour : Pour achat de l'ancienne chapelle des Sœurs de Saint-Joseph de Cluny devant servir de dépendances des écoles des filles........	3.000	»
Pour achat à la Caisse agricole de l'établissement affecté au presbytère de la paroisse de Papeete....................	12.000	»
Pour achat et réparation des quais Brander.	13.000	»
Pour le paiement d'un excédant de dépenses dans la construction de l'aiguade....	1.270	»
Pour mettre à la disposition du service des ponts et chaussées le montant des prestations non recouvrées en nature à cette date...............................	3.500	»
Pour construction d'un wharf sur le quai du Commerce.......................	1.200	»
Pour le paiement de dépenses extraordinaires occasionnées par les inondations....	1.980	o
Pour l'établissement d'une tranchée devant faciliter l'écoulement des eaux de la Fautaua.............................	4.500	»
Pour le paiement des dépenses occasionnées par l'éclairage du kiosque de la musique, dépenses non prévues........	300	»
Ainsi que celles nécessitées par le balayage des rues le dimanche..................	360	»
Pour l'entretien du matériel roulant et des pompes à incendie....................	360	»
Pour les travaux d'étude de la conduite d'eau du mont Faaire................	300	»
Pour installation d'une pompe sur le puits du village de Sainte-Amélie..........	500	»
Le 19 avril 1884, pour permettre la régularisation des dépenses inscrites au titre du compte de *Trésorerie : Expédition des îles Marquises et Protectorat des îles de la Société*......................	91.126	86

(Une somme de 90,000 fr. a été mise à la disposition du service Local pour cet objet par la loi du 31 décembre 1882. Les recettes inscrites à ce compte, et s'élevant à 1,226 fr. 25 c., ont également été versées au profit du service Local.)

A reporter...	173.396 86	1.193.970 »

Reports......	173.396 86	1.193.970 »
Le 25 juin 1884, pour la régularisation de dépenses imputées au chap. 6, *Iles Gambier*........................	3.142 48	
Le même jour, pour balancer le solde débiteur du chap. 7, *Avances aux agents spéciaux à régulariser*..............	1.351 60	
		177.893 94
Total des crédits..............		1.371.863 91
Dépenses liquidées....................	1.209.493 85	
A déduire le montant des mandats non payés à la clôture de l'exercice.......	732 38	
		1.208.761 47
Différence..........		163.102 47

représentant les crédits restés sans emploi et annulés à la clôture de l'exercice.

Résumé de la situation.

Recettes réalisées..................................	1.253.714 73
Dépenses payées...................................	1.208.761 47
Excédant de recettes à verser à la caisse de réserve.......	44.953 26

Il y a lieu de faire remarquer que pour équilibrer le budget de l'exercice 1883, il avait été prévu un prélèvement de 49,528 fr. 79 sur la caisse de réserve, ce qui aurait porté l'excédant de recettes à 94,482 fr. 05, si l'opération avait eu lieu. Comme je le faisais pressentir l'année dernière au moment de la présentation du budget de 1884, les ressources ordinaires de l'exercice ont permis à l'Administration de faire face à toutes les dépenses sans avoir recours au prélèvement.

Je n'ai pas ici à justifier les causes d'augmentation ou de diminution des recettes et des dépenses de l'exercice 1883; le Conseil trouvera dans le Compte administratif soumis à son examen les renseignements propres à l'éclairer à cet égard. Néanmoins il voudra bien remarquer que, malgré la réduction considérable des tarifs de l'enregistrement, les recettes effectuées ont dépassé les prévisions de plus de 6,000 francs.

Les recouvrements effectués à ce titre ont atteint en 1882 la somme de 45,634 fr. 32, et en 1883 celle de 30,550 fr. 15. Elles ont dépassé également les prévisions inscrites au budget de 1884. Ainsi vient se confirmer l'opinion que l'Administration avait fait partager au Comité des finances en 1882, à savoir que la diminution des droits amènerait plus d'actes à la formalité de l'enregistrement. Il y a là une considération économique et morale sur laquelle je ne puis m'empêcher d'appeler l'attention des mandataires du pays.

EXERCICE 1884.

Pour compléter l'exposé au Conseil général de l'état des finances de la colonie, je vais placer sous ses yeux un aperçu des faits se rapportant à l'exercice en cours, basé sur les résultats de l'année.

RECETTES.

Droits constatés au titre de l'exercice 1884................ 1.168.628 11
Montant des restes à recouvrer au 30 juin 1884, au titre
    de l'exercice 1883.................................... 31..615 20

                        Soit................... 1.200.243 31

Les recouvrements effectués au titre de l'exercice 1884
    s'élèvent à........................ 1.127.235 64
Sur les restes à recouvrer de l'exercice 1883   3.918 94
Versement au service Local du montant des
    restes à recouvrer à la date du 31 décem-
    bre 1884 au titre de l'exercice 1883....   27.666 26

                 Soit au total.......... 1.158.850 84

Différence représentant le montant des restes à recouvrer au
    31 décembre.. 41.392 47

L'impôt personnel figure à lui seul dans cette somme pour 30,915 fr. 11.

C'est là un point sur lequel il me faudra revenir lors de la discussion du budget des recettes pour vous faire connaître les difficultés que présente le recouvrement de cet impôt.

Comparées avec les prévisions budgétaires évaluées à... 1.266.520 »
les recettes effectuées au 1er janvier 1885................ 1.158.850 84

présentent une différence en moins de.................. 107.669 16
qui sera certainement atténuée avant la clôture de l'exercice.

Il convient de remarquer que dans les prévisions budgétaires des recettes, il a été inscrit un prélèvement sur la caisse de réserve de 101,900 fr., en vue de pourvoir au paiement des dépenses extraordinaires. Cette recette n'a pas encore été faite jusqu'ici, bien que les dépenses extraordinaires mandatées à la date du 1er janvier 1885 sur les crédits du budget ordinaire s'élèvent déjà à 55,296 fr. 70.

DÉPENSES.

Les crédits budgétaires s'élèvent à.................... 1.266.520 »
Un crédit supplémentaire de .... 40.000 »
    a été ouvert les 19 août et 4 novembre derniers en vue de
    pourvoir au paiement des dépenses des exercices clos.

             Total des crédits............... 1.306.520 »
Les dépenses liquidées du 1er janvier 1884 au 8 janvier 1885
    s'élèvent à.. 1.085.481 62

Soit un excédant de crédits disponible de 221.038 38

Cet excédant de crédits provient des dépenses des Résidences non encore connues et qui seront régularisées ultérieurement.

C'est ainsi que sur le crédit de 103.210 fr. 83 ouvert au titre du chapitre 5, *Résidences*, les dépenses liquidées ne s'élèvent, à la date précitée, qu'à 63.132 fr. 14, et sur celui de 94.495 fr. 39, au titre du chapitre 6, qu'à la somme de 46,214 fr. 96.

Il provient aussi du non emploi d'une partie du crédit de 110.000 fr. ouvert pour le service à vapeur entre Tahiti et San Francisco, assuré encore au moyen de bâtiments à voiles avec une subvention annuelle de 75.000 francs.

En résumé, les recettes réalisées au 31 décembre s'élèvent à | 1.158.850 81
et les dépenses à.......... .... | 1.085.481 62

Soit un excédant de recettes de...................... | 73.369 22
auquel il convient d'ajouter les recettes extraordinaires non
encore réalisées .... | 55.296 70
et le montant des droits d'octroi de mer dont l'Administration a suspendu le recouvrement jusqu'à décision du Conseil
général, soit........................ | 30.346 51

Total.............. | 159.012 43

La clôture de l'exercice s'annonce donc dans des conditions très-satisfai-
santes qui font pressentir un versement assez important à la caisse de
réserve, même en tenant compte des non-valeurs et dégrèvements à déduire
ultérieurement.

Situation de la Caisse de réserve.

Avoir à la date du 25 août 1883................. | 106.557 30
Excédant des recettes sur les dépenses de l'exercice 1883
à verser................................. | 44.953 26

Total de l'encaisse..................... | 151.510 56

C'est sur cette somme que l'Administration est autorisée à prélever celle
de *101,900* fr. pour répondre aux dépenses du budget extraordinaire de
l'exercice 1884.

La campagne est à peu près achevée, et il y a lieu de présumer que les
travaux qu'il a été possible d'exécuter ne dépasseront pas le chiffre de 75,000 fr.

En effet, pour des raisons que j'exposerai en temps utile, le service des
ponts et chaussées n'a pu donner suite aux projets relatifs à la canalisation
de la rivière Sainte-Amélie, à la construction de la léproserie et à la construction des 25 mètres de quai en maçonnerie. Les crédits relatifs à ce dernier
travail n'ont pu être utilisés qu'en partie; mais chacun a pu vérifier que les
soins du service des ponts et chaussées se sont surtout portés, cette année,
sur l'amélioration des quais.

Enfin, grâce à une sage prévoyance, l'Administration a pu aider les proprié-
taires et les négociants sinistrés à traverser sans difficulté le moment critique
qu'a occasionné l'incendie du 23 juillet dernier.

Le Conseil général sera appelé, au cours de sa session, à arrêter définitivement les mesures prises provisoirement par l'autorité, à l'occasion de cet
événement, et dont il lui sera rendu compte.

EXERCICE 1885.

L'article 37 de l'arrêté du 30 septembre dernier attribue au Conseil général le vote des recettes et des dépenses des îles Tahiti et Moorea. Ce sont donc
les budgets de ces deux îles qui lui sont soumis.

Les évaluations du budget de 1885 pour Tahiti et Moorea, calculées avec
le plus grand soin, s'élèvent, tant en recettes qu'en dépenses, à la somme
de .... | 1.021.240 »
Comparées avec les prévisions du budget de 1884, qui
étaient de .... | 999.335 »

Elles présentent une différence en plus de .... | 21.905 »

qui provient de l'augmentation normale de certains revenus de la colonie.
Ces augmentations portent en partie sur le produit de l'octroi de mer et des
droits d'enregistrement.

RECETTES.

	RECETTES		DIFFÉRENCES	
	Présumées pour 1835.	Inscrites au budget de 1834.	En plus.	En moins.
Art. 1er.				
Contributions sur rôles.....	163.860 »	168.720 »	»	4.860 »
Art. 2.				
Droits perçus sur liquidations.				
Droits de navigation..........	30.700 »	29.370 »	1.330 »	»
Droit sur la consommation des rhums....................	42.000 »	42.000 »	»	»
Droit d'octroi de mer..........	410.000 »	402.000 »	8.000 »	»
— sur les nacres..........	»	10.800 »	»	10.800 »
— de congé et de francisation	250 »	300 »	»	50 »
— sur les ports-d'armes.....	1.500 »	1.500 »	»	»
Produit de la ferme de l'opium..	81.000 »	76.500 »	7.500 »	»
Art. 3.				
Produits divers et Recettes à différents titres.				
Enregistrement..............	65.250 »	50.000 »	15.250 »	»
Domaine...............	13.810 »	15.425 »	»	1.615 »
Divers services.				
Produit de l'imprimerie du Gouvernement...................	9.350 »	10.000 »	»	650 »
Produit de la taxe des lettres....	8.000 »	6.500 »	1.500 »	»
Produit du troupeau local.......	»	»	»	»
Fourrière et taxe sur les chiens..	13.300 »	13.000 »	300 »	»
Produit du droit d'étal..........	2.000 »	2.000 »	»	»
Recettes diverses..............	5.000 »	4.000 »	1.000 »	»
Art 4.				
Subventions..........	172.220 »	167.220 »	5.000 »	»
	1.021.240 »	999.335 »	39.880 »	17.975 »
		21.905 »		21.905 »

	Augmentation.	Diminution.

ART. 1er.—CONTRIBUTIONS SUR ROLES.

La différence de 4,860 fr. en moins résultant du tableau ci-dessus se décompose comme suit :

	Augmentation.	Diminution.
Impôt de la prestation urbaine.........	»	2.000 »
Impôt personnel....................	»	8.820 »
Impôt mobilier.....................	»	500 »
Patentes fixes....................	2.000 »	»
» proportionnelles.............	1.500 »	»
A reporter...	3.500 »	11.320 »

	Augmentation.	Diminution.
Reports......	3.500 »	11.320 »
Concessions des eaux de la ville.......	1.000 »	»
Frais d'avertissement................	»	40 »
Licences	2.000 »	»
	6.500 »	11.360 »
		4.860 »

La différence en moins sur l'impôt de la prestation urbaine, l'impôt personnel et l'impôt mobilier provient de modifications dans les rôles. Ceux des années précédentes contenaient un grand nombre de non-valeurs que l'on a éliminées.

Les augmentations sont basées sur les rôles de 1881.

ART. 2. — DROITS PERÇUS SUR LIQUIDATIONS.

L'ensemble de ces droits présente une augmentation de 5,980 fr., se répartissant de la manière suivante :

Droits de navigation et de port. — 1.330 » , »

Ce produit suit une marche ascendante en rapport avec le mouvement commercial de la colonie.

Droit sur la consommation des rhums de fabrication locale. — » »

On a prévu le même chiffre de recettes que pour 1884, bien que les réalisations soient restées au-dessous des prévisions budgétaires (1). Cette situation est due en partie à l'empressement que les débitants ont mis à s'approvisionner avant le 31 décembre 1883, en vue de l'élévation présumée de la taxe.

Il résulte de l'augmentation constatée dans les recettes données par les alcools venant de l'extérieur que la consommation n'a que

A reporter... — 1.330 » »

---

(1) Prévision au budget des recettes en 1884.............. 42.000 »
Recettes réalisées.............................. 33.340 60

Différence en moins.......... 8.659 40

Production en 1883 :
    Exportation.................... 9.369 »
    Consommation.................. 66.029 »

      73.398 »

Production en 1881 :
    Exportation.................... 2.855 »
    Consommation.................. 41.675 »

      44.530 »

Différence en moins.......... 30.868 »

	Augmentation.	Diminution.
Reports......	1.330 »	»

très-peu diminué, puisque l'équilibre du budget se trouve à peu près rétabli de ce côté. Les distillateurs s'étant empressés de se défaire de leurs produits et n'ayant plus de mélasses pour fabriquer du rhum, les consommateurs ont dû pendant les 4 ou 5 premiers mois de l'année recourir aux spiritueux d'importation, malgré le prix fort élevé de ces derniers. C'est ce qui explique la diminution constatée dans la consommation des rhums de provenance locale.

Il est permis aussi de croire que dans la crainte de ne pas trouver un écoulement facile de leurs produits par suite de l'augmentation du droit sur les rhums indigènes, les usiniers ont cherché dans la fabrication du sucre brut un dédommagement qui leur a été très-favorable, du reste.

Les cannes, protégées par une saison opportune, ont donné des jus très-riches, et la récolte de 1884 a dépassé de beaucoup les résultats de la précédente (1). Cependant le rendement d'un hectare de terre planté en cannes à sucre est fort au-dessous de la moyenne des colonies sucrières pour la même superficie. Or la canne de Tahiti est réputée comme produisant un sixième de plus que les autres variétés.

Le fait s'explique. L'industrie locale se trouve en présence d'un outillage médiocre et les méthodes de culture sont des plus primitives. Peut-être même faudrait-il dire que le planteur use avec imprévoyance de la terre dont la fertilité semble pourtant décroître.

Je placerai sous les yeux du Conseil, au moment de la discussion des taxes, les documents relatifs à l'industrie de la canne à sucre.

Je ferai connaître les quantités de mélasses introduites au cours de l'année par certains distillateurs uniquement préoccupés, si je ne m'abuse, de profiter par tous les moyens de la protection accordée aux rhums indigènes en vue du développement agricole de ce pays. Le résultat de la dernière campagne des usiniers permettra enfin au Conseil d'apprécier une situation qu'on a imaginé, dans un but évidemment louable, de pré-

A reporter...	1.330 »	»

---

(1) Sucre produit en 1883...................... 60.256 kil.
     d°   en 1884...................... 78.000

Différence en plus......... 17.744 kil.

	Augmentation.	Diminution.
Reports......	1.330 »	»

senter comme pouvant conduire l'industrie
sucrière à la ruine.

L'augmentation des droits sur la fabrication des rhums, votée en 1884, a comblé le
vide laissé dans le budget par la suppression de l'impôt personnel des femmes. L'Administration a substitué ainsi à une cote
impopulaire et d'un recouvrement difficile
un impôt de consommation assurément rationnel. Mais on ne doit pas perdre de vue
que l'intérêt budgétaire n'est pas le seul
en cause.

Il me semble que si la sévérité de la législation fiscale peut détourner les trois
usiniers de la colonie de la distillation pour
concentrer leurs efforts sur la fabrication
du sucre, l'agriculture ne perdra pas à
l'échange. Je crois même qu'elle y trouvera
un réel intérêt.

Il est bien entendu que je ne veux pas me
faire illusion sur l'avenir de l'industrie sucrière absolument limitée, si je ne me trompe,
à la consommation de nos archipels. Mais
on sait combien nos planteurs ont encore
d'efforts à faire avant d'arriver à satisfaire
les besoins qui nécessitent l'importation.

Ceux qui demandent la liberté complète
pour la fabrication et le commerce des spiritueux perdent de vue que le principal
consommateur de ce produit, c'est l'indi-
gène. Or, sans vouloir exagérer les propor-
tions de l'ivrognerie signalée tous les ans
au sein du Conseil colonial et du Comité
des finances, on ne peut s'empêcher de
redouter les conséquences qu'aurait la suppression des droits sur les rhums. Le prix
du débitant devant nécessairement baisser
en raison de la diminution de l'impôt, on
voit combien la mesure serait préjudiciable
à ceux que nous avons pour devoir de protéger contre leurs propres vices.

Les membres de cette assemblée qui fai-
saient partie du dernier Comité des finances
ont encore sans doute à la mémoire les données statistiques de la consommation des
liquides aux Tuamotu que le Chef de la
colonie communiquait au Comité, en ap-
puyant mes observations touchant la nécessité d'augmenter les droits sur les rhums de
fabrication locale. Ce document et d'autres
encore seront mis sous les yeux du Conseil.

En ce qui touche seulement l'industrie

A reporter...	1.330 »	»

	Augmentation.	Diminution.
Reports......	1.330 »	»

des spiritueux, il est inadmissible qu'on sacrifie l'intérêt d'une population inconsciente à celui des distillateurs de la colonie. Ceux-ci eux-mêmes ne le voudraient pas. L'un de ces honorables industriels, consulté en 1881 au sujet de l'établissement des droits, se montrait favorable à la mesure, à la condition qu'on protégerait les distillateurs contre la concurrence étrangère.

J'ai parlé de la tendance de la population native à abuser de l'alcool. Qu'il me soit permis de signaler ici un fait non moins grave, et que certifieront assurément les engagistes : c'est la facilité avec laquelle les travailleurs océaniens, recrutés à grands frais pour les besoins de l'agriculture, s'adonnent aussi à la boisson. Si l'on ne met rapidement un frein à leur passion, c'en est fait à peu près de l'agriculture, qui ne peut malheureusement aller chercher des bras en dehors des archipels polynésiens.

L'élévation du prix des alcools de toute provenance et la surveillance des débits sont, à mon avis, les seuls moyens propres à combattre l'ivrognerie.

En résumé, Messieurs les Conseillers généraux, il me semble que dans cette colonie où tant de reproches sérieux peuvent être adressés à l'industrie et au commerce des spiritueux, on doit désirer que dans nos usines la fabrication des rhums soit l'accessoire et non le principal objet de la production.

Pour faciliter cette voie à nos industriels, je vous proposerai d'accorder à la cassonade une protection spéciale, en frappant d'une surtaxe les sucres bruts importés.

Dans le même ordre d'idées, je demanderai au Conseil d'élever le droit d'octroi de mer sur les mélasses de l'étranger en vue de protéger la culture de la canne.

Je dois faire remarquer aussi au Conseil qu'au moment où a été pris l'arrêté du 17 avril 1884, comme on était en cours d'exercice, l'Administration a dû recourir à une mesure transitoire ne sacrifiant ni l'intérêt de la production et du commerce ni celui du budget. Elle a établi une échelle des droits qu'il convient de réviser.

Pour donner satisfaction aux inconvénients de cette situation, je vous proposerai de ré-

A reporter...	1.330 »	»

	Augmentation.	Diminution.
Reports......	1.330 »	»

gler uniformément la perception de la taxe, en prenant le degré pour base dans toutes les boissons alcooliques, à l'exception des liqueurs.

Les spiritueux d'importation seront également taxés de manière à maintenir une protection suffisante aux produits de fabrication locale.

Le travail préparé par l'Administration sera soumis au Conseil au moment où il abordera la discussion des taxes.

Produit de l'octroi de mer..... 8.000 » »

Ce revenu suit une marche ascendante en rapport avec le mouvement de la population. L'année 1884 atteindra un chiffre plus élevé que celui des prévisions.

Droit sur les nacres........... » 10.800 »

Ce produit a été porté dans les prévisions budgétaires des Tuamotu. Ce n'est pas en réalité une diminution dans les revenus de la colonie. Il a paru plus rationnel de faire figurer ces ressources dans les budgets des localités qui produisent la nacre, ce qui n'empêchera pas de faire la perception à Papeete lorsque les nacres arrivant dans ce port n'auront pas acquitté les droits au pays d'origine.

Droits de congé et de francisation.......................... » 50 »

Les prévisions de cet article ont été calculées sur le produit des trois dernières années, qui varie peu.

Produit de la ferme de l'opium 7.500 » »

Il n'y a pas en fait d'augmentation sur ce produit, qui est adjugé pour trois années ; on a fait rentrer au budget de Tahiti la somme de 7,500 fr. qui avait été, en 1884, inscrite au budget des Marquises, en raison de ce qu'un certain nombre de Chinois habitaient cet archipel.

Cette recette est centralisée à Papeete, et il ne paraît pas utile pour le moment de rechercher la part qui doit en revenir aux Marquises.

	16.830 »	10.850 »
	5.980 »	

	Augmentation.	Diminution.

ART. 3. — PRODUITS DIVERS ET RE-CETTES A DIFFÉRENTS TITRES.

L'ensemble de cet article présente une augmentation de 15,785 francs.

Enregistrement . . . .   15.250 »

Les prévisions de ce service ont été cal-culées d'après les résultats de l'année 1883 et des trois premiers trimestres de 1884. Les recettes du dernier budget opérées en 1883 avaient été déterminées en tenant compte de la réduction de 50 p. 0/0 des tarifs ; elles sont dépassées. L'abaissement des tarifs a eu pour résultat, ainsi que l'on s'y attendait, d'augmenter le nombre des actes soumis à la formalité de l'enregistrement. Les nou-velles prévisions sont établies dans des conditions qui permettent de compter sur une réalisation favorable au budget.

Domaine . . . .   1.615 »

Les prévisions sont basées sur le rendement des trois dernières années ; la diminution porte sur le produit de la cale de halage et la location des apparaux de Fareuto. La cause doit en être attribuée, sans doute, au mauvais état de la cale.

Imprimerie du Gouvernement.   650 »

La moyenne des trois dernières années donne une diminution de 650 francs ; cela s'explique par l'établissement d'imprimeries civiles. L'imprimerie du Gouvernement a moins de travaux à faire pour la ville, mais ceux de la colonie augmentent sensible-ment, de sorte que, tous comptes faits, cet établissement reste dans des conditions économiques fort avantageuses.

Produits de la poste . . . .   1.500 »

Cet article suit un mouvement ascendant qui est dû au développement des relations du pays avec l'extérieur ; les correspon-dances augmentent sensiblement d'une an-née à l'autre.

Produits des fourrières et de la taxe sur les chiens . . . .   300 »   »

Calcul résultant des trois dernières an-nées. Ce produit est à peu près station-naire.

A reporter...	17.050 »	2.265 »

	Augmentation.	Diminution.
Reports......	17.050 . »	2.265 »

Produit du droit d'état......... » »

Cet article a été calculé sur le produit des années 1883 et 1884.

Recettes diverses.............. 1.000 » »

Cet article comprend la remise au service Local de 1 p. 0/0 sur les articles d'argent (mandats-poste), dont le rendement augmente chaque année.

	18.050 »	2.265 »
	15.785 »	

Subvention de la métropole... 5.000 » »

Cet article présente une augmentation de 5,000 fr. Ce supplément est destiné à servir une pension à l'ex-régent des Gambier.

	5.000 »	»

Récapitulation.

Art. 1er......................................	»	4.860 »
— 2......................................	5.980 »	»
— 3......................................	15.785 »	»
— 4......................................	5.000 »	»
	26.765 »	4.860 »

Augmentation finale... 21.905 »

Le budget des recettes ordinaires s'élève à la somme de.	1.021.240 »
Si l'on y ajoute celles des dépendances, déduction faite du montant des subventions provenant du budget de Tahiti et de Moorea, soit...	206.760 »
Les recettes ordinaires s'élèvent à....................	1.228.000 »
En rapprochant ce chiffre de celui des prévisions du budget de 1881, ci..	1.000.000 »

que je me propose de prendre au cours de mon exposé comme terme de comparaison — cette année marque, en effet, le point de départ de l'organisation du service Local de la colonie — on constate une augmentation de............ 228.000 »*

Or il est facile de vérifier que cette augmentation des recettes n'est point due à l'aggravation des charges des contribuables. En effet, si des

---

* Il est permis d'espérer que les recettes continueront à dépasser les prévisions, par suite des mesures concertées récemment entre le Trésor et l'Administration pour obvier aux difficultés que présente le recouvrement de l'impôt des districts.

impôts nouveaux ont été créés pendant les trois dernières années, il convient de retenir que les diminutions sont non moins intéressantes.

Le tableau ci-après fera ressortir cette comparaison :

IMPOTS AUGMENTÉS OU NOUVEAUX (1)		DIMINUTIONS DANS LES ANCIENS.	
Patentes...............	800 »	Enregistrement et hypothèques........	17.860 »
Licences hors de Papeete	500 »	Licences de Papeete..	7.000 »
*Frais d'avertissements et formules de patentes.	2.895 »	Impôt personnel des femmes..........	13.500 »
*Droits sanitaires......	1.500 »	Droit d'étal..........	4.000 »
*Permis de port d'armes.	1.500 »		
Droits sur les rhums...	21.000 »		
	28.195 »		42.360 »
		14.165 »	

(1) Les articles marqués d'un astérisque représentent les impôts nouveaux.

La différence est donc en faveur des diminutions pour une somme de 14,165 fr. L'augmentation des revenus résulte dès lors nécessairement de l'accroissement des recettes premières.

L'Administration se proposait de soumettre au Conseil général, au cours de cette session, un travail sur la révision générale des taxes. C'était le vif désir du Chef de la colonie, qui avait, à cet effet, institué le 19 mai 1884 une commission chargée d'aider l'Administration dans la préparation de ce travail. Mais quelques membres de la commission ont pensé, à tort, selon moi, que la création d'un Conseil général rendait inutile leur mission, et le travail est resté inachevé.

La commission sera reconstituée et ses études seront reprises aussitôt que le Conseil général aura désigné ceux de ses membres qui doivent en faire partie.

La publicité que l'Administration compte donner aux propositions de la commission en les communiquant à la Chambre de commerce permettra à l'opinion publique de se prononcer sur les modifications qu'il paraît désirable d'introduire dans notre législation fiscale.

Les dispositions projetées seront définitivement soumises ensuite au Conseil général lors du vote du budget de 1886, et les nouvelles taxes pourront être appliquées au commencement de l'année.

DÉPENSES.

Le budget de cet exercice se distingue des précédents par une innovation qui frappera assurément l'attention des membres du Conseil.

Conformément à la circulaire de M. le Ministre de la marine et des colonies en date du 31 mai 1884, la retenue de 3 p. 0/0 au profit de la caisse des invalides de la marine sur les dépenses du matériel ne doit plus être exercée directement.

A compter du 1er janvier 1885, les marchés doivent être passés au prix net.

Quant aux prestations dues à la caisse des invalides, elles seront déterminées lors de l'arrêté trimestriel de la comptabilité.

D'autre part, il est réglé par la même circulaire que toutes les allocations ainsi que tous les traitements qui ne conduisent pas à une pension de l'État doivent être payés net sans mention d'aucune retenue au profit de la caisse des invalides de la marine.

A cet effet, toutes ces dépenses doivent être transformées en sommes nettes et les crédits correspondants doivent figurer au budget dans les mêmes conditions. C'est ainsi qu'il a été opéré pour toutes les dépenses qui font l'objet de la circulaire précitée, et l'on a mis à la fin de chaque article du budget un paragraphe spécial représentant le montant de l'abondement des 3 p. 0/0 à l'infini, sur les dépenses de l'article inscrites en sommes nettes.

Ni la colonie ni ses créanciers ne sont lésés ni avantagés par cette nouvelle mesure.

	Augmentation.	Diminution.

CHAPITRE Ier. — DETTES EXIGIBLES.
(Néant.)

L'Administration a ouvert ce chapitre en vue de l'inscription de la somme de 22,376 fr. 32, représentant les dépenses faites à l'occasion de la réception à Tahiti des habitants des Iles-sous-le-vent lors de la Fête nationale de 1882 et qu'une dépêche ministérielle en date du 30 août 1884, timbrée : *Colonie*, *1er bureau*, invite définitivement le service Local à prendre à sa charge.

CHAPITRE II. — DÉPENSES D'ADMINISTRATION.

ARTICLE 1er. — SERVICES ADMINISTRATIFS.

Dépenses de 1885..........	203.902 58
— de 1884..........	190.522 68
Augmentation........	13.379 90

§ 1er. — Gouvernement...... » 937 26

Il n'y a pas eu de changement dans ce paragraphe. La diminution provient : 1º de ce que les dépenses de matériel sont inscrites en sommes nettes, conformément à la circulaire ministérielle du 31 mai 1884 : 2º de ce que les frais d'hospitalisation, au lieu de figurer à chaque paragraphe, forment un article spécial par chapitre. D'autre part, et pour rentrer également dans la règle, on a déduit sur les dépenses du personnel le montant présumé des crédits libres par suite d'incomplets ou de retenues exercées sur la solde des fonctionnaires en traitement à l'hôpital.

§ 2. — Direction de l'Intérieur. » 2.479 88

Tenant compte des frais d'hospitalisation et de la retenue de 3 p. 0/0 s'élevant ensemble à 1,503 fr. 60, lesquels sont inscrits plus loin, la diminution de 2,479 fr. 88 se trouve ramenée à 976 fr. 28,

À reporter... » 3.417 11

	Augmentation.	Diminution.
Reports......	»	3.417 11

portant sur le matériel. Il y a eu quelques changements dans les soldes, mais non dans l'effectif du personnel.

Je crois devoir placer sous les yeux du Conseil un rapprochement établi entre les budgets des exercices 1881, 1882, 1883, 1884 et celui que je lui propose pour 1885, afin d'éclairer parfaitement les mandataires du pays sur ce que coûte la Direction de l'Intérieur.

En 1881, année qui a précédé celle de la création de la Direction, ce service, dout la partie financière était dans les attributions de l'Ordonnateur, figurait au budget pour une somme de 47,141 francs. Il en a été dépensé................ 49.658 »

En 1882, la Direction de l'Intérieur est instituée par un décret du 13 mars ; l'ancien service Local est transformé en une Administration dont le minimum des dépenses est fixé à 70,000 fr. par décret du 8 mai ; les crédits employés s'élèvent à 68.763 »

En 1883, la dépense est de. 67.407 » somme inférieure au minimum de 2.593 fr. Cependant, dès le commencement de l'année, le personnel des Directions de l'Intérieur était augmenté par un décret du 25 janvier de la même année.

Dans le courant de l'année 1883, et par suite de l'accroissement des attributions du Directeur de l'Intérieur résultant des décrets des 3 octobre et 20 novembre 1882, le Département invite l'autorité locale à remanier le cadre de la Direction. Cette mesure est suivie du décret du 9 novembre 1883 portant le minimum de la Direction à 83,000 fr. Cependant, même dans ses prévisions au budget de 1884, l'Administration recule devant ce chiffre de 83,000 fr. qu'elle avait proposé à une époque où elle pouvait espérer que le budget de l'Etat prendrait à sa charge une partie des dépenses occasionnées par les nouvelles fonctions confiées au Directeur de l'Intérieur.

Les dépenses de l'année 1884 s'élèvent à...................... 75.531 » chiffre inférieur de 2,394 fr. 38 aux prévisions de l'exercice, qui étaient de 77,925 fr. 38.

Les prévisions du budget de 1885 sont de....................... 75.455 50

En résumé, Messieurs, l'Administra-

	Augmentation.	Diminution.
A reporter...	»	3.417 11

	Augmentation.	Diminution.
Reports......	»	3.417 16

tion s'est appliquée, dès la fixation du minimum de la Direction de l'Intérieur, à rester au-dessous des crédits dont elle pouvait disposer.

Ces observations, qui reposent sur des chiffres, suffisent à démontrer l'économie qui a présidé à l'administration de cette partie du budget.

Vous remarquerez, Messieurs les Conseillers généraux, que malgré l'infériorité de la dépense de 1884 par rapport au minimum, la Direction a pu, avec un personnel incomplet, eu égard aux prévisions du cadre du budget et grâce au concours de quelques auxiliaires recrutés provisoirement parmi les jeunes gens de la ville, répondre aux exigences de ses attributions et détacher un sous-chef de bureau à Taravao pour le service de la Résidence.

Je dois, Messieurs, ce résultat au concours d'un personnel auquel je suis heureux de rendre hommage publiquement ici, en lui adressant l'expression de ma vive reconnaissance pour le zèle et le dévouement qu'il a montrés et qu'il montre encore dans l'exercice de ses devoirs.

Le développement du budget de la colonie, l'organisation des archipels nécessitée par l'extension constante de leurs affaires, l'impulsion donnée par le Département à la colonisation et à toutes les questions qui s'y rattachent, suffisent à justifier le maintien du personnel qui fait aujourd'hui partie du cadre de la Direction de l'Intérieur.

§ 3. — Service du Conseil général

	5.238 »	»

Création nouvelle. — Cette dépense est approximative, l'Administration n'ayant pas de base pour l'établir; mais la somme prévue paraît suffisante.

§ 4. — Service des interprètes.

	»	41 52

Il est demandé une augmentation de 600 fr. pour la solde d'un interprète dont l'Administration désirerait récompenser les services en le faisant passer de la 3e classe à la 2e classe. L'indemnité de 300 fr. pour fournitures de bureau a été remplacée par une prévision de 100 fr. destinée à fournir en nature les objets de bureau; les autres

	Augmentation.	Diminution.
A reporter...	3.938 »	3.161 66

	Augmentation.	Diminution.
Reports......	5.238 »	3.461 66

diminutions proviennent des frais d'hospitalisation et de la retenue du 3 p. 0/0. En réalité, la dépense de ce paragraphe serait augmentée de 300 fr.

§ 5. — Résidences de Tahiti et Moorea.

| 1° MOOREA.............. | 5.311 26 | » |

On propose de mettre à Moorea un souschef de bureau de 1re classe, hors cadre. L'éloignement de cette île, la rareté des communications avec le chef-lieu y rendent indispensable la présence d'un représentant de l'Administration. Il est nécessaire de diriger les conseils des districts qui ne demandent qu'à bien faire, mais qui malheureusement ne comprennent pas toujours bien les instructions écrites qui leur sont adressées. C'est là très-souvent une entrave à la marche du service et qui peut causer dés préjudices aux tiers.

| 2° TARAVAO....... ..... | » | 1.393 » |

En vue d'arriver à une économie, l'Administration propose de supprimer l'emploi de Résident à Taravao.

Il est, en effet, reconnu que les services les plus importants de ce fonctionnaire sont ceux qu'il rend en qualité de juge de paix ou de percepteur de l'impôt. Or l'autorité supérieure a demandé au Département pour cette localité l'envoi d'un véritable magistrat dont la solde serait au compte du budget de l'État (1) ; les fonctions de collecteur de l'impôt pourraient être confiées sans inconvénient au greffier-interprete de la localité. Au point de vue administratif, les chefs correspondraient directement avec la Direction de l'Intérieur.

On propose de donner une indemnité de 400 fr. au militaire qui remplirait les fonctions de commissaire de police et, par suite, celles de ministère public près la justice de paix, et 400 fr. au greffier f. f. d'interprète.

| § 6. — Chefferies......... | » | 1.279 40 |

La diminution provient en partie de la

| *A reporter*... | 5.238 72 | 4.741 06 |

(1) Le Ministre a fait connaître depuis par une dépêche du 10 septembre 1881, qu'il ne pourra être créé de juges de paix que si la colonie prend la dépense à sa charge.

	Augmentation.	Diminution.
Reports......	5.238 72	4.741 06

distraction de la retenue de 3 p. 0/0 et de la dépense du matériel, ramenée de 1,000 à 500 francs.

Cette somme paraît suffisante.

§ 2. — Police générale.....

5.618 72 | »

On propose de porter de 9 à 11 les agents de la police à Papeete et d'améliorer la solde de certains d'entre eux. Il paraît désirable, en outre, de leur faire délivrer une ration journalière de pain, de façon à ce qu'ils n'aient plus de raison de demander un jour par semaine pour aller aux vivres. Ainsi que l'Administration le prévoyait lors du vote du budget, le crédit alloué pour 1884 a été insuffisant.

La police figure au projet de budget de 1885 pour une somme de 41,948 francs. En 1884 le crédit était de 45,788 fr.

Cependant, depuis cette époque, il a paru équitable d'augmenter un peu la solde du personnel dont on a diminué l'effectif. On ne pouvait attendre aucun service sérieux d'agents qui recevaient, pour la plupart, une solde de 30 fr. par mois. Malgré cette amélioration, l'Administration ne peut garantir un service parfait avec les faibles ressources qu'elle demande encore à inscrire au budget, mais elle reconnaît qu'il serait difficile de faire mieux pour le moment.

Abondement de 3 p. 0/0 sur les dépenses inscrites en sommes nettes à l'article 1er.. 3.315 98 | »

19.513 96 | 6.134 06

13.379 90

Augmentation à l'article 1er ...

ARTICLE 2. — SERVICES FINANCIERS.

Dépenses de 1885..........	217.252 07
— de 1884..........	205.394 57
Augmentation........	11.857 50

§ 1er. — Frais de perception de l'impôt.............

» | 659 »

Il n'y a pas de changement dans ce paragraphe; la diminution provient de la réserve du 3 p. 0/0.

A reporter... | » | 659 »

	Augmentation.	Diminution.
Reports......	»	659 »
§ 2. — Enregistrement.....	»	391 02

Les diminutions provenant des frais d'hospitalisation et du 3 p. 0/0 se trouvent reportées ailleurs.

	Augmentation.	Diminution.
§ 3. — Contributions......	1.359 50	»

On propose de porter l'effectif des agents de ce service de 6 à 7 et d'améliorer leur solde. Le crédit alloué pour 1884 était insuffisant. Il paraît urgent d'avoir pour ce service important des agents sérieux et sûrs; il faut pour cela qu'ils soient payés raisonnablement. On a augmenté la dépense de matériel de 200 francs, en partie à cause de l'entretien des instruments destinés à la vérification des poids et mesures.

	Augmentation.	Diminution.
§ 4. — Postes.........	2.676 50	»

Le Conseil sera saisi, au moment de la discussion des dépenses de ce service, des diverses propositions adressées à l'Administration en vue de l'établissement d'une ligne à vapeur destinée à relier la colonie avec San Francisco, soit directement, soit avec escale aux Sandwich. D'autres projets ont pour but d'établir des communications par bâtiments à vapeur entre Tahiti et la Nouvelle-Calédonie.

Ces documents font partie du dossier que je soumets au Conseil général.

Il est vivement à désirer que la colonie soit dotée d'une ligne à vapeur, et l'Administration est entièrement de cet avis. Messieurs les Conseillers généraux, vous examinerez si les propositions faites offrent toutes les garanties et présentent tous les avantages indispensables pour justifier les sacrifices demandés au pays.

On propose d'augmenter le personnel pour le service des districts; un second facteur à Papeete est nécessaire pour la distribution des lettres et la levée des boîtes. Un service régulier (6 voyages par an entre Papeete, Tubuai et Raivavae) fonctionne depuis l'année dernière.

	Augmentation.	Diminution.
Abondement de 3 p. 0/0 sur les dépenses de l'article 2 inscrites en sommes nettes..	5.871 52	
	12.907 52	1.050 02
Augmentation de l'article 2......	11.857 50	

Augmentation. Diminution.

ARTICLE 3. — INSTRUCTION PUBLIQUE.

Dépenses de 1885.......... 112.525 88
   —   de 1884.......... 107.119 64
     Augmentation....... 5.406 24

§ 1er. — École des garçons de Papeete............
    »   759 04

Il n'y a pas de changement dans le personnel de cette école ; la diminution provient des frais d'hospitalisation et du déplacement des 3 p. 0/0.

§ 2. — École des filles de Papeete..............
   158 20   »

La dépense est augmentée par suite de la prévision de l'indemnité de logement à 2 institutrices.

§ 3. — Bourses..:.......
   2.686 »   »

Le directeur de l'école déclare qu'il ne peut nourrir les boursiers avec la somme de 600 fr. allouée pour l'année scolaire. Il faut reconnaître, en effet, que ce prix, qui a été fixé en 1857, n'est plus en rapport avec la cherté de la vie matérielle à Papeete, aujourd'hui. On propose d'élever le prix de la pension à 800 fr. pour l'année scolaire, ce qui représente par le fait 80 fr. par mois. Chaque directeur d'école reçoit en outre une indemnité de 1,200 fr. pour frais de domestiques. On a reporté à ce paragraphe la solde du surveillant de dortoir qui figurait au § 1er.

§ 4. — Bourses au concours, etc.
   765 »   »

Malgré mon vif désir de donner suite au vote des mandataires du pays, mon administration a été empêchée d'utiliser les crédits votés pour l'entretien de 2 boursiers dans les collèges de la métropole.

En effet, de l'avis des chefs d'institution que j'ai pressentis à ce sujet, le problème offre de nombreuses difficultés. Il faut tout d'abord écarter l'idée d'envoyer les boursiers dans des établissements d'instruction secondaire, les jeunes gens de la colonie ne faisant aucune étude des langues grecque et latine ; d'autre part, on sait que les parents d'origine tahitienne ne veulent pas se sépa-

A reporter...   3.609 20   759 04

	Augmentation.	Diminution.
Reports......	3.609 20	759 04

rer de leurs enfants à l'âge où ceux-ci pourraient commencer ces études en France.

Quoi qu'il en soit, j'avais préparé pour
être soumis au Conseil colonial un projet
d'arrêté réglant les concessions de bourses.
Ce document n'a pu être examiné. Le Conseil
supérieur de l'instruction publique en fera
l'examen aussitôt la désignation des membres du Conseil général appelés à en faire
partie.

Si le Conseil général pense comme l'Administration, on pourra, de préférence,
destiner les premiers boursiers à des écoles
professionnelles; plus tard, peut-être, nous
sera-t-il possible de songer à d'autres écoles
pour l'éducation des enfants du pays.

§ 5. — École des garçons de Paea.

	»	6.175 46

Le projet de budget de 1884 comportait
des dépenses de construction et d'achat de
mobilier; celui de 1885 ne comprend que la
dépense normale, qui est de.... 7.223 »

§ 6. — École des filles de Paea.

	»	6.230 34

Même observation que pour l'école des
garçons.

La dépense régulière annuelle sera de
5.731 fr.

Ces deux institutions ont commencé à
fonctionner au commencement de l'année
scolaire 1884-1885, et les résultats qu'elles
donnent ne peuvent qu'encourager les mandataires du pays dans la voie de nouvelles
créations de ce genre.

§ 7. — École publique des gar-
çons de Matalea..............

	151 34	»

Les dépenses de matériel, dont les prévisions étaient trop faibles, ont été augmentées,
notamment pour l'entretien du mobilier des
maîtres qui ne figurait pas aux budgets
précédents.

Dépenses annuelles........ 6.200 »

§ 8. — École des filles de Matalea.

	288 66	»

Mêmes observations que pour l'école des
garçons.

Dépenses annuelles........ 4.900 »

	Augmentation.	Diminution.
A reporter...	4.049 40	13.164 84

	Augmentation.	Diminution.
Reports.....	1.019 40	13.164 84
§ 9. — École des garçons de la presqu'île...................	7.223 »	»

Au budget de 1884 cette école figure pour *mémoire.*

La dépense annuelle sera de 7.223 »

	Augmentation.	Diminution.
§ 10. — École des filles de la presqu'île...................	5.731 »	»

Mêmes observations que pour l'école des garçons.

Dépenses annuelles........ 5.731 »

Ces deux institutions seront fondées dans la localité qu'indiquera le Conseil. Mais elles s'imposent du côté de la presqu'île.

Ces écoles ne pourront guère fonctionner avant quelques mois. L'Administration demande à utiliser une partie des crédits disponibles à l'achat du matériel scolaire et des fournitures classiques destinés aux deux établissements.

	Augmentation.	Diminution.
§ 11. — École des districts....	»	990 30

On a diminué de 1.628 fr. les dépenses de matériel. On avait prévu pour 1884 une dépense extraordinaire permettant d'avoir un certain approvisionnement de livres et d'objets classiques; les prévisions de 1885 ne représentent que la dépense d'une année. D'autre part, on propose d'augmenter un peu les soldes des instituteurs; toutefois l'augmentation ne sera allouée qu'à ceux qui enseignent le français.

	Augmentation.	Diminution.
§ 12. — Subventions aux instituteurs libres, etc................	»	156 »

Abondement de 3 p. 0/0 sur les sommes nettes de l'article 3................... 2.713 98

Le budget de l'Instruction publique, qui était en 1884 de 96.027 fr. pour toute la colonie, s'élève aujourd'hui à 112.525 pour Tahiti et Moorea, et à 151.058 si l'on y ajoute les dépenses des dépendances; celles-ci figuraient en 1884, dans la dépense générale, pour 16.520 fr. seulement. Le Conseil ne peut que se féliciter de ce résultat, qui démontre suffisamment la sollicitude que les mandataires du pays ont toujours montrée pour cette branche importante du budget.

Augmentation.	Diminution.
19.717 38	14.311 14
	5.406 24

Augmentation. Diminution.

ARTICLE 1. — DIVERS SERVICES.

Dépenses de 1885.......... 146.688 24
—   de 1884.......... 156.368 81
Diminution 9.680 57

§ 1er. — Cultes........... .   1.205 »   »

Augmentation :

Fabrique de Papeete : la somme
de 2,500 fr. allouée pour
1884 était insuffisante ; on
propose de porter la subven-
tion à 3,255 fr..............   755 »
Frais du culte protestant : le
crédit alloué pour 1884 étant
insuffisant, on demande de le
porter pour 1885 de 4,000 fr.
à 4,600 fr. ....   600 »
                          1,355 »

Diminution :

Sur la solde coloniale de 20
pasteurs (5,000 fr.) convertie
en somme nette ....   150 »
Augmentation définitive...   1.205 »

§ 2. — Imprimerie........   »   5.618 52

La diminution provient : 1° diminution
d'un ouvrier dans l'effectif ; 2° deux ouvriers
de 3e classe remplacés par des ouvriers de
4e classe ; 3° frais d'hospitalisation reportés
à la fin du chapitre ; 4° retenue de 3 p. 0/0
sur les dépenses de matériel ou considérées
comme telles.

§ 3. — Justice...........   »   1.902 64

Augmentation :

1 deuxième commis-greffier : solde portée
de 1,800 fr. à 2,400 fr........   600 »
1 greffier à Taravao : solde portée
de 1,700 fr. à 1,800 fr........   100 »
1 greffier à Moorea : solde portée
de 1,500 fr. à 1,800 fr........   300 »
1 concierge du Palais : solde portée de 1,020 fr. à 1,200 fr......   180 »
1 garçon de bureau : solde portée
de 360 fr. à 900 fr...........   540 »
                          1.720 »

Ces modestes augmentations sont deman-
dées dans l'intérêt du service et en vue

A reporter...   1.205 »   7.551 16

	Augmentation.	Diminution.
Reports......	1.203 »	7.551 16

d'unifier des traitements déjà bien faibles.

M. le Chef du service judiciaire aurait désiré voir reporter sur la solde du secrétaire en titre du parquet l'allocation accordée précédemment au secrétaire en congé, dont la situation a pris fin au 31 décembre.

Il ne m'a pas paru possible de concilier cette demande avec l'exiguité des ressources du budget.

Diminution :

1 secrétaire-rédacteur en congé................	1.500 »
Frais d'hospitalisation..	522 30
Matériel et 3 p. 0/0....	1.600 31
	3.622 61
Différence.........	1.902 61

| § 4. — **État civil**........ | » | 3.152 50 |

Diminution de 600 fr. sur la solde du secrétaire ; suppression du loyer de 1,200 fr. ; frais d'hospitalisation reportés à la fin du chapitre, et dépenses de matériel converties en sommes nettes.

| § 5. — **Prisons**...... ... | » | 3.765 05 |

Diminution par suite de la réduction du fonds de pécule des prisonniers, ramené de 0 fr. 50 à 0 fr. 25........ 1.800 »

Frais d'hospitalisation du personnel.................... 252 »

Concierge de la prison des femmes reporté à l'asile des aliénés.... 1.950 »

Valeur de la ration au surveillant de Taravao, fixée à 292 fr. au lieu de 427 fr. 05........... 135 05

3 p. 0/0.................... 230 »

| | 4.367 05 |

Augmentation.

Amélioration de la solde du concierge............. 300 »

Amélioration de la solde de deux porte-clefs.. 300 »

| | 600 » |

Diminution......... 3.767 05

3 p. 0/0 sur les dépenses inscrites en sommes nettes à l'article 1.............	2.583 14	»
	3.788 14	13.468 71
		9.680 57

Augmentation.   Diminution.

ARTICLE 5. — SERVICE SANITAIRE, ETC., ETC.

	Augmentation.	Diminution.
Dépenses de 1885.......... 26.301 28		
— de 1884.......... 11.733 »		
Augmentation........ 14.571 28		

§ 1er. — Service sanitaire....   2.910 »   »

L'augmentation provient de la prévision pour mesures sanitaires et arraisonnement des navires qui figurait au § 3.

§ 2. — Asile des aliénés....   4.509 50

Les fonds pour la construction de cet établissement ont été votés au budget de 1884. Les travaux mis en adjudication au cours de l'année sont achevés.

Les dépenses prévues pour le service ne sont qu'approximatives. Dans la suite, l'on pourra connaître la dépense annuelle; mais la somme demandée permettra d'en assurer le fonctionnement pendant au moins la plus grande partie de l'année 1885, et dans le cas où les crédits votés seraient insuffisants, on pourra avoir recours à un crédit supplémentaire.

§ 3. — Léproserie........   4.040 »   »

Les fonds destinés à la construction de cet établissement sont inscrits au budget de 1884.

L'Administration a dû surseoir à la construction en vue d'appeler le Conseil général à donner son avis sur des propositions nouvelles du service des ponts et chaussées qui tendent à organiser ce service avec plus d'économie, tout en isolant les malades dans de meilleures conditions.

L'Administration fera son possible pour utiliser les crédits dans les délais réglementaires. Les prévisions de ce service sont également déterminées approximativement.

§ 4. — Assistance publique...   »   2.677 50

On a diminué le montant de la somme mise à la disposition du Directeur de l'Intérieur pour secours à des personnes pau-

A. reporter...   11.459 50 | 2.677 50

	Augmentation.	Diminution.
Reports......	11.459 50	2.677 ,0

vres. Une somme de 1,200 fr. paraît suffisante (net 1,164 fr.)..........	336 »
La somme de 2,000 fr. pour frais relatifs aux mesures sanitaires a été reportée au § 1er du présent article..............	2.000 »
3 lits d'indigents (3,000 fr. au lieu de 3,280 fr.)..........	280 »
Don Schlubach en moins....	500 »
Différence dans le prix des rations (1,636 fr. 50 au lieu de 1,653 fr.)...................	16 50
	3,132 50

Augmentation :

Frais de transport de malades et de sépultures...	85 »
Frais de repatriement des indigents......	370 »
	455 »
	2.677 »

§ 5. — Traitement dans les hôpitaux..............

	Augmentation	Diminution
	5.423 87	»

On a fait un seul article par chapitre pour les frais d'hospitalisation, au lieu de les porter à chaque paragraphe comme les années précédentes. Cette façon de procéder est réglementaire. On a tenu compte également ment des incomplets et des retenues présumées pour séjour à l'hôpital des divers fonctionnaires.

Abondement de 3 p. 0/0 au profit de la caisse des invalides de la marine sur les dépenses de l'article 5 inscrites en sommes nettes.................. ....

	Augmentation	Diminution
	365 41	»
	17.248 78	2.677 50
	14.571 28	

Récapitulation du chapitre II.

	Augmentation	Diminution
Article 1er...................	13.379 90	»
— 2....................	11.857 50	»
— 3....................	5.406 24	»
— 4....................	»	9,680 57
— 5....................	14.571 28	»
	45.214 92	9.680 57
	35.534 35	
A déduire pour les incomplets.........	4.340 32	
Augmentation définitive du chapitre II...	31.194 03	

Augmentation. Diminution.

CHAPITRE III. — TRAVAUX.

ARTICLE 1er. — PONTS ET CHAUSSÉES   20.523 31   »

Dépenses de l'exercice 1885	188.523 01
d° 1884	167.590 70
En plus pour 1885	20.523 31

Les dépenses du phare de la pointe Vénus figuraient en 1884 à l'article 2; par suite, il n'y a pas de ce fait une augmentation réelle. Cette dépense étant de 7.802 08, l'augmentation pour les travaux des ponts et chaussées serait de...... 12.731 23

L'Administration vous demandera aussi de voter des crédits pour l'exécution de certains travaux qui figureraient au budget extraordinaire. Ces crédits seraient prélevés sur les fonds de la caisse de réserve.

ARTICLE 2. — PORTS ET RADES......   »   18.192 98

Dépenses de l'exercice 1885	30.766 29
d° 1884	48.959 27
Diminution pour 1885	18.192 98
Frais d'hospitalisation du chapitre III	1.096 75
Moins les incomplets,....	929 50

   167 25   »

   20.690 59   18.192 98

Augmentation finale du chapitre III.....   2.197 61

CHAPITRE IV. — DÉPENSES NON CLASSÉES.

ARTICLE 1er. — SECOURS ET PENSIONS   »   762 88

La diminution provient de ce que l'on a reporté aux budgets des Tuamotu et de Tubuai les pensionnaires de ces localités.

ARTICLE 2. — DÉPENSES D'INTÉRÊT GÉNÉRAL.

§ 1er. — Dépenses intéressant le Gouvernement général de la colonie...........................   »   2.520 »

On a retiré de ce paragraphe les dépenses concernant les frais d'écrivains et de bureau des conseils locaux pour les classer selon leur affectation.

A reporter...   »   3.282 88

	Augmentation.	Diminution.
Reports.....	»	3.282 88

§ 2. — Encouragement aux cultures, aux arts et à l'industrie ....

| | » | 8.670 » |

La différence est produite par la suppression de la subvention à la fanfare locale......................... 5.700 »

De la subvention à l'Union théâtrale..................... 2.400 »

Et des 3 p. 0/0 sur les autres allocations................. 570 »

8.670 »

§ 3. — Dépenses pour la fête nationale..............

| | » | 1.240 » |

Les crédits accordés au budget de 1881 n'ont permis de renouveler qu'une partie du matériel. L'Administration propose de voter des fonds en conséquence, tout en atténuant le chiffre de la dépense précédente. On estime qu'une somme de 1.900 fr. sera suffisante, au lieu de 3.000 fr. alloués pour 1881. En moins......... 1.100 »

3 p. 0/0 sur les autres allocations................. ..... 140 »

1.240 »

§ 4. — Dépenses diverses....

| | 1.939 » | |

Augmentation :

Achat de livres pour la bibliothèque du palais de justice............. 910 »

Indemnité à l'agent spécial de Papeete................. 291 »

Indemnité au sonneur de la cloche de retraite............ 180 »

Dépenses pour frais d'écritures et fournitures de bureau à la Chambre de commerce.... 776 »

2.157 »

Diminution :

Entretien des horloges et pendules, dépense ramenée de 800 fr. à 600 fr............ 200 »

3 p. 0/0 sur 600 fr.. 18 »

218 »

Diminution définitive..... 1.939 »

| *A reporter...* | 1.939 » | 13.192 88 |

	Augmentation.	Diminution.
Reports......	1.939 »	13.192 88
§ 5. — Dépenses accessoires..	»	450 »

Diminution des 3 p. 0/0 sur 15,000 fr.

Cette somme sera très-probablement suffisante; les frais de voyage à l'extérieur seront moins coûteux par la Calédonie et les Messageries que par l'Amérique. Cependant n'ayant pas de données certaines pour la prévision de ces dépenses, on a cru devoir maintenir le chiffre des années précédentes.

| § 6. — Dépenses imprévues.. | 3.756 91 | » |

La somme primitivement inscrite au budget de 1884 était de 13,129 fr. 11; elle a été ramenée à 6,629 fr. 11 par suite d'un prélèvement de 6,500 fr. destinés à faire face aux dépenses des cultes.

Les prévisions ayant été calculées avec soin, il est probable que le crédit de 10,386 fr. 02 inscrit au budget de 1885 sera suffisant pour faire face aux éventualités.

____

| Abondement de 3 p. 0/0 au profit de la caisse des invalides de la marine des dépenses inscrites en sommes nettes........ | 1.870 05 | » |

| ARTICLE III. — SUBVENTIONS AUX BUDGETS DES AUTRES ETABLISSEMENTS POUR METTRE EN ÉQUILIBRE LES RECETTES ET LES DÉPENSES ... | » | 5.709 72 |

Montant des subventions pour 1885................. 26.711 50

En 1884, l'excédant des dépenses des archipels sur leurs recettes était de............ 32.421 22

Soit en moins pour 1885.. 5.709 72

Tuamotu...... 2.522 »
Gambier...... 20.000 »
Tubuaï....... 4.111 50
____
26.711 50

MARQUISES.

Les recettes balancent les dépenses.

TUAMOTU.

La différence de 2,522 fr. est insignifiante. Si les marchandises consommées

	7.565 96	19.352 60
A reporter...		

	Augmentation.	Diminution.
Reports......	7.565 96	19.352 60

dans cet archipel y étaient importées directement au lieu de passer par Papeete où sont perçus les droits d'octroi de mer, il y aurait un excédant des recettes sur les dépenses, qui couvrirait la part incombant à cet archipel dans les dépenses d'administration générale.

GAMBIER.

L'excédant des dépenses sur les recettes est de 20.000 francs.

Mais il y a lieu de remarquer que le budget de Tahiti perçoit pour celui des Gambier une somme de 5.000 fr. destinée à l'acquittement de la pension de l'ex-régent de cet archipel.

La subvention réelle faite par le budget local est donc de 15.000 fr. En tenant compte de la part des Gambier dans la subvention générale comme aussi dans les dépenses d'administration de la colonie, on voit que l'appoint fait par le budget est considérablement réduit.

TUBUAI, RAIVAVAE ET RAPA.

La différence de 3.988 fr. 15 n'est pas une charge pour la colonie; le peu de commerce que peut faire le chef-lieu avec ces petites îles donne plus de revenus que la dépense à payer.

	Augmentation.	Diminution.
	7.565 96	19.352 60
Diminution définitive du chapitre IV....		11.786 64

Récapitulation.

		Augmentation.	Diminution.
Chapitre II.	Dépenses d'administration..	31.191 03	»
— III.	Travaux..............	2.497 61	»
— IV.	Dépenses d'intérêt général..	»	11.786 64
		33.691 64	11.786 64
		21.905 »	

En résumé, Messieurs les Conseillers généraux, le projet de Budget des Recettes et des Dépenses de l'exercice 1885 présente sur le Budget de l'exercice 1884 une augmentation de recettes et de dépenses de 21,905 francs. L'Administration espère que si aucun événement ne vient troubler la marche économique des affaires du pays, les prévisions des recettes seront dépassées. C'est là un résultat constaté à l'expiration des exercices 1882, 1883 et qui s'offrira également pour 1884.

En effet, malgré la suspension du paiement d'une partie des droits d'octroi de mer en vue de faciliter les sinistrés de l'incendie du 23 juillet dernier, et le retard du navire à vapeur le *Havre* attendu à la fin de l'année dernière, la situation de l'exercice 1884 permet de compter sur un excédant de recettes.

La caisse de réserve aura dépensé aux travaux extraordinaires 75.000 fr. environ. Il y restera encore une somme de 76,510 fr. 56 c., sans préjudice de ce que l'exercice 1884 y pourra verser. Je vous propose d'employer une partie de ces fonds à l'exécution de quelques travaux dont l'urgence se fait sérieusement sentir en ce moment. Ils étaient compris dans les projets que vous espériez réaliser à l'aide d'un emprunt. Ce moyen de faire face aux importants besoins de la colonie vous manquant, vous ne sauriez procéder plus sagement, à mon avis, qu'en utilisant les ressources mêmes de votre budget. Cette voie vous permettra, dans peu d'années et sans engager l'avenir, de donner satisfaction à tous les désirs justement exprimés par vos prédécesseurs et partagés par l'Administration.

Les travaux à exécuter sur les ressources extraordinaires de la caisse de réserve comprennent :

1° L'achat de matériaux destinés à la construction de classes pour l'école des garçons de Papeete,

C'est là un travail dont l'urgence ne peut se discuter. Les bâtiments affectés en ce moment à l'enseignement tombent en ruine.

Il est demandé de ce chef 10,000 francs.

2° Part de la colonie dans les dépenses relatives à la conduite d'eau du Faaire et s'élevant à 16,700 francs.

Je soumettrai en temps opportun, au Conseil, les documents destinés à le renseigner sur cette opération, dont chacun connaît déjà l'importance pour la ville de Papeete.

3° Dix mille francs (10,000 fr.) pour achat de tuyaux qui devront servir à raccorder la conduite d'eau de la ville avec celle du Faaire.

4° Enfin celle de 16,000 fr. pour l'installation du service des ponts et chaussées — si le Conseil le veut bien — dans le terrain affecté précédemment au Dispensaire.

L'Administration se trouve, en effet, dans la nécessité de songer à loger au plus tôt le service des Travaux, afin de faire remise à l'Etat du terrain qui doit être affecté à la construction des magasins de la Marine.

Les crédits destinés au budget extraordinaire portent à 233,684 fr. 19 c. ceux qui sont affectés au service des ponts et chaussées.

L'ensemble du Budget ordinaire et du Budget extraordinaire de Tahiti et de Moorea donne en recettes et en dépenses la somme de 1,073,940 francs.

Ce résultat est obtenu sans aggravation de charges pour la colonie.

Les projets de Budgets des Recettes et des Dépenses ont été préparés après un sérieux examen des ressources locales. Dans cet exposé, je me suis attaché à présenter, bien que rapidement, une situation rigoureusement exacte des services à la charge de la colonie. L'intérêt général du pays, qui est l'objectif des représentants de la population comme celui de l'Administration, me fait espérer que le Conseil général voudra bien discuter avec confiance le travail qui lui est soumis.

Papeete, le 15 janvier 1885.

Le Directeur de l'Intérieur,

GERVILLE-RÉACHE.

Texte détérioré — reliure défectueuse
NF Z 43-120-11